AF603571

Vente du Vendredi 20 Décembre 1872

TABLEAUX ANCIENS

DESSINS

Collection du Baron de Beurnonville

Exposition : Jeudi 19 Décembre 1872

SALLE N° 3

Me CHARLES PILLET
COMMISSAIRE-PRISEUR
10, rue de la Grange-Batelière.

MM. DHIOS et GEORGE
EXPERTS
33, rue Lepeletier,

CATALOGUE

DE

TABLEAUX

DES ÉCOLES

FLAMANDE, HOLLANDAISE, ALLEMANDE

Van Bassen, Breughel, M. Carré, Van Ceulen, Dietrich,
Elzheimer, Franck, Van Goyen, Van Kessel,
Lingelbach, Molenaer, Mommers, Neeffs, J. Ostade, Van Romeyn,
Van Spaendonck, T. Wyck, etc.,

TABLEAUX ET DESSINS

DE L'ÉCOLE FRANÇAISE

PAR

Boucher, Fragonard, Greuze, L. de Lahyre, Largillière, Pierre,
Nicolle, Raffet, H. Vernet, Vallin

DONT LA VENTE AUX ENCHÈRES PUBLIQUES AURA LIEU

HOTEL DROUOT, SALLE N° 3

Le Vendredi 20 Décembre 1872

A DEUX HEURES

Par le ministère de Me CHARLES PILLET, Commissaire-Priseur,
10, rue de la Grange-Batelière.

Assisté de MM. DHIOS et GEORGE, Experts, 33, rue Lepeletier.

EXPOSITION PUBLIQUE : Le Jeudi 19 Décembre,

DE UNE HEURE A CINQ HEURES

CONDITIONS DE LA VENTE.

Elle sera faite au comptant.

Les adjudicataires payeront *cinq pour cent* en sus des enchères.

L'exposition mettant le public à même de se rendre compte de l'état des objets, il ne sera admis aucune réclamation une fois l'adjudication prononcée.

Paris. — Typ. PILLET fils aîné, rue des Gr.-Augustins, 5.

DÉSIGNATION

ÉCOLES

Flamande, Hollandaise, Allemande & Italienne

BASSEN (B. VAN)

1 — Intérieur d'église.

Tableau animé de jolies figures d'une tournure élégante, attribuées à VANDER VENNE.

Collection Narischkine.

BELLEVOIS

2 — Bâtiments échouant sur des rochers.

BEMMEL

3 — Vaches au bord d'une rivière.

BENT (J. VANDER)

4 — Villageoise gardant des vaches.

BRACKENBURG (R.)

5 — Le pot de confiture.

BREUGHEL

6 — Village au bord d'une rivière.

BREUGHEL

7 — Paysage avec petites figures.

CANALETTO (B. BELLOTTO DIT IL)

8 — Intérieur d'un palais à colonnades.

CARRÉ (MICHEL)

9 — Troupeau à l'abreuvoir.

CASTIGLIONE (B.)

10 — Mercure endormant Argus.

CEULEN (C. JANSON VAN)

11 — Portrait de femme.

Debout, vêtue de noir et tenant un éventail. Beau portrait provenant de la vente Mundler.

CRIVELLONE

12 — Coq et poules.

DECKER (CONRAD)

13 — Cabanes au bord de l'eau.

DIETRICH

14 — Jésus et la Samaritaine.

Signé : C. W. E. DIÉTRICY.

DUYNEN (ISAAC VAN)

15 — Nature morte.

Poissons, crabes, coquillages, etc.
Signé.

EKELS (JAN)

16 — Vue d'une ville de Hollande.

ELZHEIMER (ADAM)

17 — La prédication de saint Jean.

FETI (DOMENICO)

18 — Apparition d'anges à la Madeleine.

FRANCK ET BREUGHEL

19 — Jésus et la Samaritaine.

FRANCK

20 — Conversation à la fenêtre.

FYT (JOHANNES)

21 — Gibier mort.

GOYEN (JAN VAN)

22 — Paysage.

Cabanes entourées de verdure. A droite, des pêcheurs réparent une barque près d'un hangar. Sur le premier plan, deux hommes au repos près d'un chemin.

HACKERT (PHILIPPE)

23 — Rivière sous bois.

HARDIMÉ ET TERWESTEN

24 — Flore.

La figure est peinte par TERWESTEN et les fleurs par Pierre HARDIMÉ.
Signé.

HEEMSKERK

25 — Fumeur et buveur.

HEEM (DE)

26 — Saladier de fraises, raisins et citrons.

HEUSCH (W. DE)

27 — Paysage italien avec torrent.

KESSEL (VAN) ET FRANCK

28 — L'air; composition allégorique.

Oiseaux par VAN KESSEL, figure d'Uranie par FRANCK.

KYMTZ 1785 (Signé)

29 — Jeune femme; époque Louis XVI.

LELY (CHEVALIER)

30 — Portrait de gentilhomme.

A mi-corps, grandeur naturelle.

LINGELBACH (JAN)

31 — Combat naval.

Composition capitale par sa dimension et le nombre des figures.

MARATTI (CARLO)

32 — La joueuse de guitare.

MEEL (JAN)

33 — Meute de chiens.

MOLENAER (J.)

34 — Cabaret flamand.

MOLENAER (K.)

35 — Le coup de soleil.

MOMMERS (HENRI)

36 — Le jour de marché.

Quantité de personnages sur une place ornée d'une fontaine.

MURILLO (d'après)

37 — La sainte Famille.

Jolie esquisse.

NEEFFS (PEETER)

38 — Intérieur d'église.

OMMEGANCK

39 — Villageoise conduisant un troupeau de moutons.

OSTADE (ISAAC)

40 — La toilette du cochon.

Collection Koucheleff.

OTTO MARCELLIS

41 — Plantes, papillons et reptiles.

NETSCHER (CONSTANTIN)

42 — Portrait d'un jeune seigneur assis à l'entrée d'un parc.

POELENBURG (CORNILLE)

43 — Paysage avec baigneuses.

Vente Reiset.

PORBUS (École des)

44 — Portrait.

« L. Macquard de Feilitzch assesseur de la Chambre impériale de Spire 1617. »

PYNACKER (ADAM)

45 — Paysage avec figures.

ROMEYN (W. VAN)

46 — Animaux au repos.

Jolie qualité de ce maître.

RYCKAERT (D.)

47 — L'alchimiste.

SAFT-LEVEN (H.)

48 — Paysage avec rivière.

Signé du monogramme et daté 1671.

SPAENDONCK (G. VAN)

49 — Vase de fleurs et nid d'oiseaux.

STEEN (attribué à J.)

50 — La consultation.

Scène d'intérieur avec six personnages.

STEEN (JAN)

51 — Repas hollandais.

Intérieur avec quinze personnages.

SWANEVELT (HERMAN)

52 — Cheval à l'entrée d'un bois.

TEMPESTA (MOLYN DIT)

53 — Bergers et bestiaux.

TENIERS (DAVID)

54 — Conversation de villageois à la porte d'un cabaret.

TENIERS (ABRAHAM)

55 — Paysage et figures.

TENIERS (École de)

56 — Le joyeux buveur.

TIEPOLO

57 — Soldat et rabbin.

TOL (D. VAN)

58 — Femme arrosant des fleurs.

UDEN (LUC VAN)

59 — Paysage avec figures sur une route.

VANNI (FRANCESCO)

60 — Mariage de sainte Catherine.
Peinture sur marbre.

VECCHIA (P. DELLA)

61 — Homme tirant l'épée du fourreau.
Portrait connu sous la dénomination du chevalier Bayard.

VERSCHURING

62 — Départ pour la chasse.

VOS (P. DE)

63 — Chien et chat dans un garde-manger.

VRIES (DE)

64 — Chariot sur un pont.

WEENIX (attribué à)

65 — Halte de cavaliers près d'un port de mer.

WILS

66 — Paysage.

Chasseurs dans des montagnes couvertes de sapins.

WOUWERMAN (PIERRE)

67 — L'abreuvoir.

WYCK (THOMAS)

68 — Marchands sur un port.

Signé.

ÉCOLE FLAMANDE

69 — Trois cavaliers sur une route.

ÉCOLE HOLLANDAISE

70 — Paysage avec fabriques.

ÉCOLE FRANÇAISE

BOUCHER (Fr.)

71 — Vénus endormie.
Vente Arago.

BRUANDET

72 — Campagne avec rivière.

FRAGONARD

73 — La cuisine des saltimbanques.
Collection Arago.

JEAURAT

74 — Portrait d'homme.

LAHYRE (LAURENT DE)

75 — L'enlèvement d'Europe.

Composition capitale.
Provenant de la vente Mundler.

LAHYRE (LAURENT DE)

76 — Le Christ en croix, la Vierge, sainte Madeleine et saint Jean.

LARGILLIÈRE (NICOLAS DE)

77 — Portrait d'homme.

Perruque poudrée, habit de velours gris, large manteau en soie rouge.
Vente Arago.

MONNOYER (BAPTISTE)

78 — Bouquet de fleurs dans un vase de cristal.

NATTIER (ÉCOLE DES)

79 — Portrait de femme représentée sous les attributs de Diane.

PATEL

80 — Paysage avec temple en ruines.

PIERRE (J. B. M.)

81 — Les dieux de l'Olympe.

Composition pour un plafond, belle esquisse terminée. Signé : Pierre, 1759.

VALLIN

82 — Bacchantes dans un paysage.

VERNET (HORACE)

83 — Tête d'homme de profil.

Signé.

ECOLE FRANÇAISE

84 — La galante repasseuse.

DESSINS

BOUCHER (FR.)

85 — Cour de ferme.

Dessin aux deux crayons.

BOUCHER (École de

86 — Jeune fille dormant.

Pastel.

COCHIN

87 — Orientaux combattant le lion.

Aquarelle.

DE DREUX (ALFRED)

88 — Jockey entraînant un cheval.

Aquarelle.

DUPLESSIS BERTAUX

89 — Retour de l'Enfant prodigue; cavalier Louis XIII; ascension d'un Montgolfier; fête dans les Tuileries.

Cinq dessins à la plume. — Ce lot sera divisé.

GREUZE

90 — La Source, figure de jeune fille nue.

Sanguine.

HILAIR

91 — Orientaux au repos sous une tente.

Dessin à la sépia.

HUBERT-ROBERT

92 — Architecture et figures.

Lavis.

HUET

93 — Halte de rouliers.

Plume et lavis.

LAFAGE (RÉMOND)

94 — Bacchanale.

Plume et lavis.

LANGENDYK (DIRCK)

95 — Marché aux chevaux.

Dessin très-finement exécuté à la plume et au lavis. Signé et daté 1805.

LEGRAND

96 — Jeune femme à sa toilette.

Plume et lavis.

NICOLLE

97 — La porte Majeure, à Rome.

Aquarelle.

NICOLLE

98 — Ruines romaines.

OSTADE

99 — Scène villageoise.

Encre de Chine.

RAFFET

100 — Soldats russes au bivouac.

Crayon et lavis.

WATTIER (ÉMILE)

101 — L'entretien galant.

Dessin sur panneau.

ÉCOLE FRANÇAISE.

102 — La réconciliation.

Scène d'intérieur.
Dessin à l'essence.

103 — Les tableaux et dessins non catalogués.

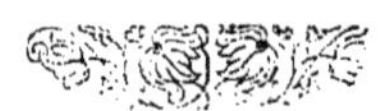

www.ingramcontent.com/pod-product-compliance
Ingram Content Group UK Ltd.
Pitfield, Milton Keynes, MK11 3LW, UK
UKHW021037260726
13994UKWH00005B/2214

9 782329 520711